T0084561

GRAPHIC LIBRARY®

en español

CIENCIA GRÁFICA

EL MUNDO DE LAS CADENAS ALIMENTARIAS CON MAX AXIOM SUPERCIENTÍFICO

Edición revisada

por Liam O'Donnell

ilustrado por Cynthia Martin y Bill Anderson

Consultor:
Dr. Ronald Browne
Profesor Adjunto de Educación Primaria
Minnesota State University, Mankato

CAPSTONE PRESS
a capstone imprint

Graphic Library is published by Capstone Press,
1710 Roe Crest Drive, North Mankato, Minnesota 56003.
www.mycapstone.com

Library of Congress Cataloging-in-Publication Data is available on the Library of
Congress website.
    ISBN: 978-1-5157-4649-2 (library binding)
    ISBN: 978-1-5157-4643-0 (pbk.)
    ISBN: 978-1-5157-5868-6 (eBook PDF)

Summary: In graphic novel format, follows the adventures of Max Axiom as he explains
    the science behind food chains.

Art Director and Designer
Bob Lentz

Bilingual Book Designer
Eric Manske

Cover Artist
Tod Smith

Colorist
Krista Ward

Editor
Donald Lemke

Translation Services
Strictly Spanish

Photo illustration credits: iStockphoto Inc./Sandra vom Stein, 10; Shutterstock/Roux
Frederic, 11

Printed in the United States   5947

TABLA DE CONTENIDOS

El supercientífico Max Axiom se detiene en un mercado local antes de hacer un sorprendente viaje al mundo de las cadenas alimentarias.

Esta manzana saciará mi hambre.

Mmmmm.

CRRUNCHH!

Voy a tomar un rápido refrigerio que me dé energía para el paseo.

Toda la comida contiene energía.

Cada vez que comemos un refrigerio o una comida completa, nuestro cuerpo absorbe proteínas, vitaminas y minerales.

A estas sustancias se las llama nutrientes.

Los nutrientes hacen que nuestro cuerpo esté saludable y nos dan energía para hacer cosas.

¡Como pedalear cuesta arriba en un cerro!

O simplemente deslizarnos hacia abajo.

Todos los seres vivos necesitan la energía de los alimentos para vivir. Y todos formamos parte de una cadena alimentaria.

Las cadenas alimentarias son rutas que la energía toma a través de una comunidad de plantas y animales.

Cada ecosistema de la Tierra contiene muchas cadenas alimentarias.

En la mayoría de los casos, toda la energía viene de una sola fuente.

¡El Sol!

Pero la mayoría de los seres vivos no puede absorber esta energía directamente.

Las plantas tienen una capacidad sorprendente para convertir la energía del sol en alimento.

A este proceso químico se lo llama fotosíntesis.

DEFINICIÓN

Fotosíntesis
proceso químico mediante el cual las plantas verdes fabrican su alimento; las plantas utilizan la energía del sol para convertir el agua y el dióxido de carbono en alimento, y como resultado, producen oxígeno.

Dado que las plantas fabrican su alimento por la energía del sol, se las conoce como productores.

Los productores son el primer eslabón de cada cadena alimentaria.

Algunas plantas usan el alimento que producen para desarrollar troncos altos, hojas hermosas o frutas jugosas.

Mientras las plantas crecen, la mayoría de la energía del sol permanece encerrada dentro de ellas.

Acerquémonos más para ver hacia dónde se dirige esta energía almacenada.

Las plantas son los únicos productores de una cadena alimentaria, pero hay tres tipos de consumidores.

Muchos científicos creen que los animales más grandes que han existido sobre la tierra fueron herbívoros. Con 123 pies de largo y un peso de más de 100 toneladas, el Argentinosaurio comía muchas plantas, ¡incluyendo árboles enteros!

MUNCH

MMUNNCH

Los consumidores que comen solo plantas, como los saltamontes, se llaman herbívoros.

Pero a otros consumidores les gusta otro tipo de comida.

SQUEEACK!!

9

¡Como este ratón!

SQUEACK!!
SQUEEACK!!

La mayoría de los ratones son omnívoros. Este tipo de consumidor come plantas y animales.

OMNÍVOROS

Muchos animales e insectos comen plantas y otros animales. Los omnívoros incluyen a la mayoría de los roedores, pollos, mapaches y hasta los seres humanos. Los osos Kodiak son los omnívoros más grandes que hay sobre la tierra. Se alimentan de hierbas y frutas silvestres, así como con salmón.

Al segundo animal que come en una cadena alimentaria se lo conoce como consumidor secundario.

El ratón se come al saltamontes y absorbe su energía. La energía del saltamontes da al ratón la fuerza para corretear.

Pero esta cadena no se detiene con el ratón.

KKKEEEEEEERRR!!

Los halcones son consumidores que comen únicamente carne.

Hasta los animales más grandes buscan su siguiente alimento.

La energía del ratón le da al halcón la fuerza para volar.

Se llaman carnívoros.

A los terceros en comer en una cadena alimentaria también se los conoce como consumidores terciarios.

CARNÍVOROS

¿Sabías que las catarinas son carnívoras? ¡Es cierto! A estos insectos les encanta alimentarse de áfidos, ácaros y otros insectos.

Los halcones también usan la energía para cazar su siguiente alimento.

A los animales que cazan a otros animales se los llama depredadores.

Y a los animales que son cazados se los llama presas.

Algunos animales son a la vez depredadores y presas, como el ratón.

PRESA

DEPREDADOR

Claro que no es divertido pensar en animales comiéndose unos a otros.

Pero desde los océanos hasta las sabanas, esta relación es importante para cada cadena alimentaria.

DEPREDADOR

PRESA

Hemos aprendido cómo las cadenas alimentarias conectan a todos los seres vivos.

En esta cadena alimentaria, al halcón se lo conoce como el depredador superior.

Los depredadores superiores no son amenazados o comidos por ningún otro animal de su comunidad.

Para averiguarlo, tenemos que salirnos del camino.

¿Los convierte esto en el último eslabón de la cadena alimentaria?

¿LO SABÍAS?

Los humanos son uno de los depredadores superiores del mundo. Las personas no tienen depredadores naturales. Y como comemos una gran variedad de alimentos, estamos en la parte superior de muchas cadenas alimentarias.

En los rincones más profundos y oscuros de cada ecosistema se oculta un grupo de organismos llamados descomponedores.

Estos animalejos son el último eslabón de cada cadena alimentaria.

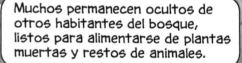

DESCOMPONEDORES

Muchos permanecen ocultos de otros habitantes del bosque, listos para alimentarse de plantas muertas y restos de animales.

Pero no hay motivo para temer a los descomponedores. Siempre están en acción bajo nuestros pies.

Las babosas, caracoles y hongos son descomponedores.

Y todos ayudan a descomponer los restos de plantas y animales en nutrientes.

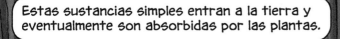

Estas sustancias simples entran a la tierra y eventualmente son absorbidas por las plantas.

Las plantas convierten los nutrientes y energía del sol en alimento.

DESCOMPONEDORES

Y el ciclo de la cadena alimentaria empieza de nuevo.

Las cadenas alimentarias no se encuentran únicamente sobre la tierra.

Los ríos, lagos y océanos sustentan una gran variedad de animales con muchas diferentes cadenas alimentarias.

Unos animales microscópicos se comen a estas plantas para obtener energía.

A estos pequeñísimos animales flotantes se los conoce como zooplancton.

ZOOPLANCTON

ARENQUE

Fitoplancton
plantas muy pequeñas que flotan en las aguas del océano

De hecho, las cadenas alimentarias que hay debajo del agua son muy semejantes a las que hay en la tierra. Hasta en los océanos más profundos, el sol es aún la fuente principal de energía.

En una cadena alimentaria del océano, unas plantas microscópicas llamadas fitoplancton, recolectan la luz del sol cerca de la superficie del agua.

El zooplancton usa la energía para crecer y reproducirse. Pero a menudo se convierte en alimento de peces más grandes.

ORCA

Hasta estos peces pueden convertirse en comida para los depredadores más grandes del mar, como los tiburones y las orcas.

Cada ecosistema tiene muchas cadenas alimentarias. A menudo, se traslapan y se conectan en un sistema llamado red.

Y nadie sabe más sobre redes alimentarias que mi vieja maestra de Ciencias, la Sra. Breem.

¡Hola, Sra. B! ¿Qué dice el mundo de las ciencias?

¡Maxwell! Vaya que has crecido. Debes haber comido muchas verduras.

Sí, ella es María. Está estudiando la red alimentaria del parque.

¡Hola, Sr. Axiom!

De hecho, ese es parte del motivo por el que estoy aquí. Supe que sus estudiantes están aprendiendo sobre las redes alimentarias.

Los productores conforman el nivel inferior. Es la parte más grande porque es donde se encuentra almacenada la mayor parte de la energía del sol.
Y los saltamontes están en el segundo nivel porque comen plantas para obtener energía, ¿verdad?
Sí, pero solo parte de esa energía se transfiere. Las plantas consumieron energía simplemente para vivir y crecer.
CONSUMIDORES TERCIARIOS
CONSUMIDORES SECUNDARIOS
CONSUMIDORES PRIMARIOS
PRODUCTORES
PÉRDIDA DE ENERGÍA
Entonces, por eso es más pequeña. Cada nivel tiene menos energía que el nivel que está debajo.

Con menos energía, cada nivel también sustenta a menos animales. En el cuarto o quinto nivel, queda poca energía y...

La cadena alimentaria termina.

¡Correcto!

Recuerda, cada nivel es tan importante como el siguiente. Hasta los depredadores, que dan miedo, son necesarios para un ecosistema saludable.

Sin ellos, la cadena alimentaria sufriría un desequilibrio. Algunos niveles están sobrepoblados mientras otros luchan por sobrevivir.

Con el tiempo, se podría perder todo el sistema.

BLIPP

Bueno, aún me queda terreno por recorrer.

Gracias por permitirme darle un vistazo a tu investigación.

¡Adiós, Max!

Cuando sabes cómo funcionan las cadenas alimentarias, puedes ver lo importantes que son para todos los seres vivos de la Tierra...

...hasta para ti y para mí.

Lamentablemente, algunas cadenas alimentarias que hay alrededor del mundo están en peligro.

La pérdida de una cadena alimentaria puede ser perjudicial para todos los animales, inclusive para los humanos.

Los humanos a veces son responsables de poner en riesgo a una cadena alimentaria.

Algunas granjas usan químicos para ayudar a que sus cultivos crezcan y se mantengan saludables. Estos químicos se llaman pesticidas.

Los pesticidas son tan pequeños que no se pueden ver, pero pueden ser muy dañinos para plantas y animales.

Los pesticidas pueden llegar de la tierra de cultivo a los ríos cercanos.

Ni las aves más rápidas de la tierra pudieron escapar el impacto de los pesticidas. En la década de 1940, la cantidad de halcones peregrinos de Estados Unidos se redujo drásticamente. Los científicos descubrieron que los peregrinos eran aves consumidoras que se habían alimentado de insectos contaminados con DDT. Este pesticida había recorrido la cadena alimentaria hasta el depredador superior. El DDT ocasionó que los huevos de los halcones peregrinos fueran muy delgados y se rompieran antes de que los polluelos pudieran desarrollarse. Pronto, los halcones se convirtieron en una especie en peligro de extinción. Afortunadamente, las restricciones de DDT han ayudado a que estas aves vuelvan a resurgir. Ahora ya no están en la lista de especies en peligro de extinción.

Los químicos dañinos son absorbidos por los productores.

Entonces, se transfieren de un animal a otro a través de la cadena alimentaria.

Los pesticidas pueden matar a los animales o enfermarlos.

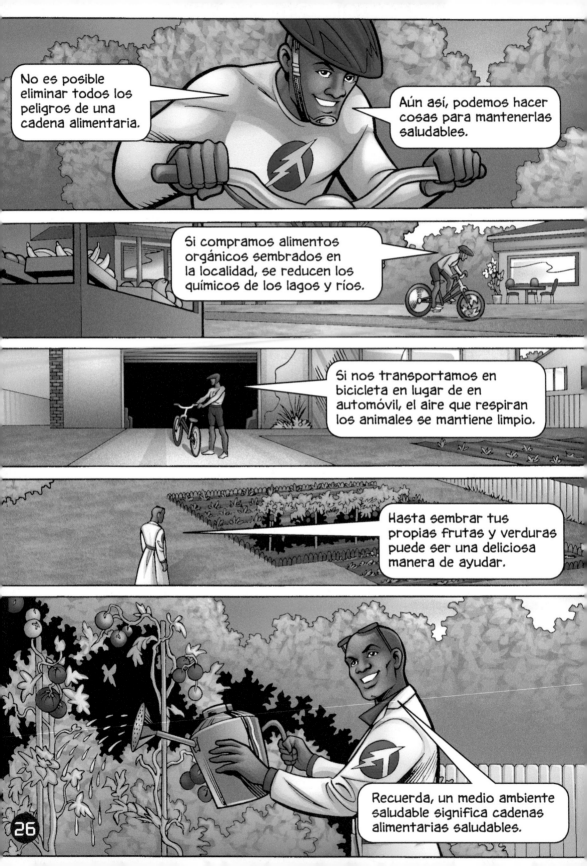

No es posible eliminar todos los peligros de una cadena alimentaria.

Aún así, podemos hacer cosas para mantenerlas saludables.

Si compramos alimentos orgánicos sembrados en la localidad, se reducen los químicos de los lagos y ríos.

Si nos transportamos en bicicleta en lugar de en automóvil, el aire que respiran los animales se mantiene limpio.

Hasta sembrar tus propias frutas y verduras puede ser una deliciosa manera de ayudar.

Recuerda, un medio ambiente saludable significa cadenas alimentarias saludables.

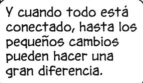

Y cuando todo está conectado, hasta los pequeños cambios pueden hacer una gran diferencia.

Tanto hablar sobre cadenas alimentarias está haciendo que me dé hambre.

Es tiempo de consumir un poco de energía.

MUNNCHH!

MÁS SOBRE
CADENAS ALIMENTARIAS

La boca de un animal a menudo determina su opción de alimento. Por ejemplo, algunas ballenas tienen dientes fuertes para comer peces grandes y focas. Otras ballenas, como la ballena azul, no tienen dientes. En vez de dientes, estos mamíferos gigantes filtran pequeños organismos a través de una serie de placas semejantes a un peine que cuelgan de su mandíbula superior.

Algunos animales comen solo un tipo de comida, ¡todos los días! Los koalas de Australia comen únicamente hojas de eucalipto. La dieta especial del koala hace que su hábitat sea extremadamente frágil. Si los árboles de eucalipto desaparecieran repentinamente, los koalas no tendrían otra cosa que comer.

Muchos consumidores tienen habilidades y características sorprendentes para capturar a sus presas. Los guepardos o chitas corren a 70 millas (113 kilómetros) por hora para atrapar a un conejo o a un antílope. Los colimbos se sumergen más de 250 pies (76 metros) bajo el agua para encontrar peces pequeños o sanguijuelas. Las arañas comunes, tejen fuertes telarañas para capturar a insectos voladores y hasta aves.

Los carroñeros son otra parte importante de las cadenas y redes alimentarias. Estos animales comen las sobras de los restos de animales muertos. Sus cuerpos descomponen estos pedazos grandes en pedazos más pequeños, que los descomponedores devuelven después a la tierra.

Un parásito es un animal o planta que necesita vivir encima o dentro de otro animal o planta para sobrevivir. Los parásitos usualmente no se enumeran en las cadenas o redes alimentarias. Pero ni los depredadores superiores se escapan de estas glotonas criaturas. Las sanguijuelas son parásitos que se adhieren a los animales o humanos para alimentarse de su sangre.

Los carnívoros no necesariamente son grandes como los leones o tiburones. Las plantas pueden ser carnívoras también. Los atrapamoscas, las copas de mono y otras plantas carnívoras viven en lugares donde los nutrientes del suelo son mínimos. En su lugar, estos tipos de plantas obtienen comida capturando a pequeñas presas en sus trampas.

¡Lava tus alimentos antes de comerlos! Los agricultores a menudo rocían frutas y verduras con pesticidas. Estos químicos mantienen alejadas a las plagas en los campos pero pueden ser dañinas para las personas y animales. Enjuagar las frutas y verduras antes de comerlas ayuda a eliminar todos los restos de pesticidas y reduce la probabilidad de enfermarse.

MÁS SOBRE

SUPERCIENTÍFICO

Nombre real: **Maxwell J. Axiom**
Ciudad natal: **Seattle, Washington**
Estatura: **6' 1"**   Peso: **192 lbs**
Ojos: **Marrón**   Cabello: **No tiene**

Supercapacidades: Superinteligencia; capaz de encogerse al tamaño de un átomo; los anteojos le dan visión de rayos X; la bata de laboratorio le permite viajar a través del tiempo y el espacio.

Origen: Desde su nacimiento, Max Axiom parecía destinado a la grandeza. Su madre, una bióloga marina, le enseñó a su hijo sobre los misterios del mar. Su padre, un físico nuclear y guardabosques voluntario, le enseñó a Max sobre las maravillas de la Tierra y el cielo.

Un día durante una caminata en áreas silvestres, un rayo mega-cargado golpeó a Max con furia cegadora. Cuando se despertó, Max descubrió una nueva energía y se dispuso a aprender todo lo posible sobre la ciencia. Viajó por el planeta y obtuvo grados universitarios en cada aspecto del campo científico. Al volver, estaba listo para compartir su conocimiento y nueva identidad con el mundo. Se había transformado en Max Axiom, supercientífico.

Glosario

el carnívoro—un animal que solo come carne

el depredador—un animal que caza a otros animales para alimentarse

el ecosistema—una comunidad de animales y plantas que interactúan con su medio ambiente

el herbívoro—un animal que solo come plantas

los hongos—organismos que no tienen hojas, flores ni raíces; los champiñones y el moho son hongos

el nutriente—una sustancia que necesita un ser vivo para mantenerse saludable

el omnívoro—un animal que come plantas y a otros animales

orgánico—que usa solo productos naturales y no químicos ni pesticidas

el organismo—planta o animal vivo

el pesticida—un químico que se usa para matar insectos y otras plagas que se comen los cultivos

la presa—un animal cazado por otro animal para alimentarlo

terciario—de tercera categoría, importancia o valor

SITIOS DE INTERNET

FactHound brinda una forma segura y divertida de encontrar sitios de Internet relacionados con este libro. Todos los sitios en FactHound han sido investigados por nuestro personal.

Esto es todo lo que tienes que hacer:

Visita *www.facthound.com*

Ingresa este código: 9781429692403

ÍNDICE